LITTLE LIBRARY

First 200 Words in
German

Christa Khan
Illustrated by Katy Sleight

Kingfisher Books

NEW YORK

Contents

All about your book

Your Little Library picture dictionary will help you learn your first 200 words in German.

The German words are printed in heavy type (**die Katze**) and appear with the English word beside a picture of the word. You will see that most of the German words have a small word before them, meaning "the" (**der, die,** or **das**). When you learn these words, don't forget to learn the word for "the," too.

If you hear people speaking German, you will notice that many of the sounds they use are quite different from the ones we use in English. So ask a parent or teacher, or best of all a German person, how to say the words correctly.

You can test some of the words you have learned by doing the word square puzzle at the end of the dictionary.

Your body

girl
das Mädchen

leg
das Bein

boy
der Junge

head
der Kopf

hair
das Haar

arm
der Arm

ear
das Ohr

eye
das Auge

nose
die Nase

finger
der Finger

teeth
die Zähne

mouth
der Mund

tongue
die Zunge

hand
die Hand

foot
der Fuß

Things to wear

T-Shirt
das T-Shirt

jeans
die Jeans

shoes
die Schuhe

dress
das Kleid

raincoat
der Regenmantel

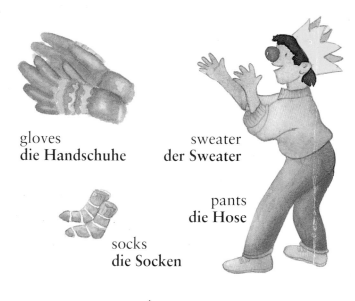

gloves
die Handschuhe

sweater
der Sweater

pants
die Hose

socks
die Socken

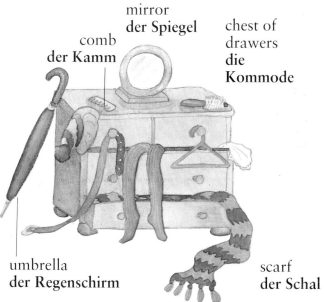

mirror
der Spiegel

comb
der Kamm

chest of
drawers
**die
Kommode**

umbrella
der Regenschirm

scarf
der Schal

Playtime

book
das Buch

train set
die Eisenbahn

teddy bear
der Teddybär

spinning top
der Kreisel

slide
die Rutschbahn

roller skates
die Rollschuhe

jump rope
das Springseil

puppet
die Marionette

paints
die Farben

pencils
die Bleistifte

At home

bathroom
das Badezimmer

toilet
die Toilette

kitchen
die Küche

door
die Tür

sink
die Spüle

chair
der Stuhl

window
das Fenster

clock
die Uhr

curtain
der Vorhang

bedroom
das Schlafzimmer

house
das Haus

bed
das Bett

floor
der Fußboden

radio
das Radio

television
der Fernseher

painting
das Bild

wall
die Wand

table
der Tisch

sofa
das Sofa

living room
das Wohnzimmer

bookcase
der Bücherschrank

Animals

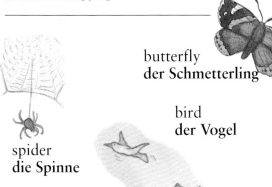

butterfly
der Schmetterling

spider
die Spinne

bird
der Vogel

dog
der Hund

bee
die Biene

tiger
der Tiger

elephant
der Elefant

fish
der Fisch

wolf
der Wolf

mouse
die Maus

horse
das Pferd

cat
die Katze

monkey
der Affe

sheep
das Schaf

lion
der Löwe

lioness
die Löwin

On the move

airplane
das Flugzeug

bicycle
das Fahrrad

bus
der Bus

truck
der Lastwagen

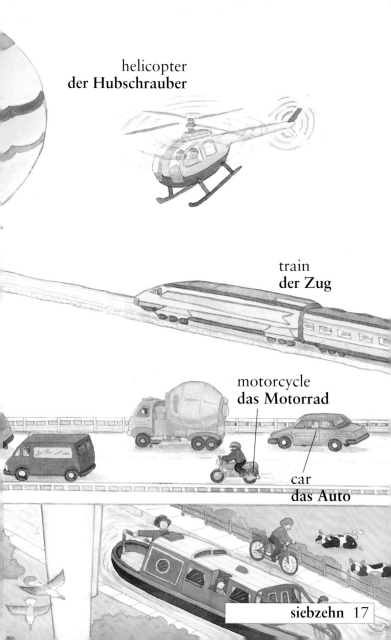

helicopter
der Hubschrauber

train
der Zug

motorcycle
das Motorrad

car
das Auto

At the beach

ship
das Schiff

motorboat
das Motorboot

wave
die Welle

shovel
die Schaufel

pail
der Eimer

shell
die Muschel

sea
das Meer

lighthouse
der Leuchtturm

rock
der Felsen

sand castle
die Sandburg

seaweed
der Seetang

sand
der Sand

beach
der Strand

ice cream
das Eis

Things to do

open
öffnen

write
schreiben

read
lesen

father
der Vater

hold
halten

pull
ziehen

cry
weinen

carry
tragen

run
laufen

listen
hören

children
die Kinder

smile
lächeln

drink
trinken

jump
springen

eat
essen

sleep
schlafen

mother
die Mutter

come
kommen

go
gehen

Opposites

full
voll

empty
leer

on the left
auf der linken Seite

on the right
auf der rechten Seite

warm
warm

in front of
vor

cold
kalt

behind
hinter

long
lang

dry
trocken

short
kurz

wet
naß

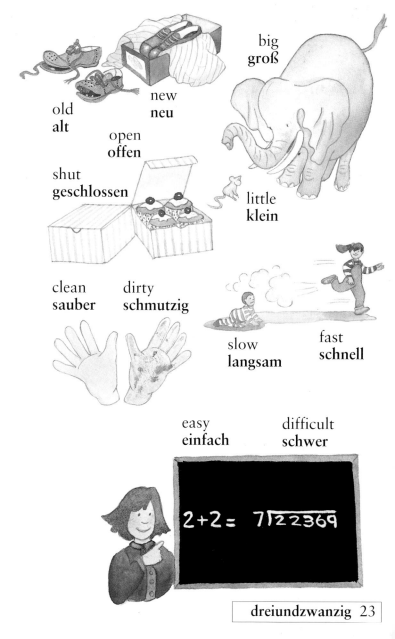

old
alt

new
neu

big
groß

open
offen

shut
geschlossen

little
klein

clean
sauber

dirty
schmutzig

slow
langsam

fast
schnell

easy
einfach

difficult
schwer

2+2 = 7⟌22369

Months and seasons

January
Januar

February
Februar

March
März

April
April

May
Mai

June
Juni

spring
der Frühling

sun
die Sonne

summer
der Sommer

July
Juli

August
August

September
September

October
Oktober

November
November

December
Dezember

fall
der Herbst

winter
der Winter

rain
der Regen

snow
der Schnee

Counting and colors

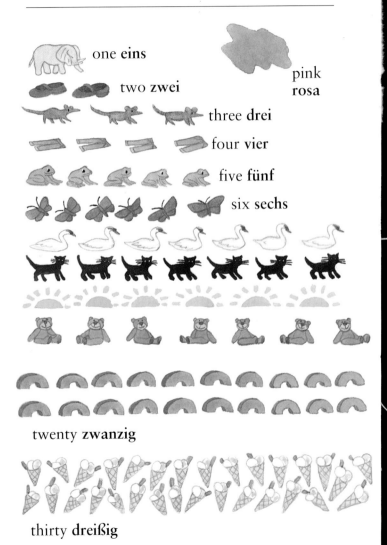

one **eins**

two **zwei**

pink
rosa

three **drei**

four **vier**

five **fünf**

six **sechs**

twenty **zwanzig**

thirty **dreißig**

blue
blau

black
schwarz

brown
braun

purple
lila

green
grün

yellow
gelb

red
rot

seven **sieben**

eight **acht**

nine **neun**

ten **zehn**

forty **vierzig**

fifty
fünfzig

Word square

Can you find the six German words hidden in this square? The pictures will help you guess the words.

I	Q	E	A	J	R	L
R	V	I	E	D	Q	M
O	E	S	T	U	H	L
T	P	L	N	X	U	F
X	L	E	S	E	N	P
Y	H	J	G	M	D	Y
K	O	P	F	J	Z	R

Word list

airplane das Flugzeug
April April
arm der Arm
August August

bathroom das Badezimmer
beach der Strand
bed das Bett
bedroom das Schlafzimmer
bee die Biene
behind hinter
bicycle das Fahrrad
big groß
bird der Vogel
black schwarz
blue blau
book das Buch
bookcase der Bücherschrank
boy der Junge
brown braun
bus der Bus
butterfly der Schmetterling

car das Auto
carry tragen
cat die Katze
chair der Stuhl
chest of drawers die Kommode
children die Kinder
clean sauber
clock die Uhr
cold kalt
comb der Kamm
come kommen
cry weinen
curtain der Vorhang

December Dezember
difficult schwer
dirty schmutzig
dog der Hund
door die Tür
dress das Kleid
drink trinken
dry trocken

ear das Ohr
easy einfach

eat essen
eight acht
elephant der Elefant
empty leer
eye das Auge

fall der Herbst
fast schnell
father der Vater
February Februar
fifty fünfzig
finger der Finger
fish der Fisch
five fünf
floor der Fußboden
foot der Fuß
forty vierzig
four vier
full voll

girl das Mädchen
gloves die Handschuhe
go gehen
green grün

hair das Haar
hand die Hand
head der Kopf
helicopter der Hubschrauber
hold halten
horse das Pferd
house das Haus

ice cream das Eis
in front of vor

January Januar
jeans die Jeans
July Juli
jump springen
jump rope das Springseil
June Juni

kitchen die Küche

(on the) left auf der linken Seite
leg das Bein
lighthouse der Leuchtturm
lion der Löwe
lioness die Löwin

listen hören
little klein
living room das Wohnzimmer
long lang

March März
May Mai
mirror der Spiegel
monkey der Affe
mother die Mutter
motorcycle das Motorrad
motorboat das Motorboot
mouse die Maus
mouth der Mund

new neu
nine neun
nose die Nase
November November

October Oktober
old alt
one eins
open offen
(to) open öffnen

pail der Eimer
painting das Bild
paints die Farben
pants die Hose
pencils die Bleistifte
pink rosa
pull ziehen
puppet die Marionette
purple lila

radio das Radio
rain der Regen
raincoat der Regenmantel
read lesen
red rot
(on the) right auf der rechten Seite
rock der Felsen
roller skates die Rollschuhe
run laufen
sand der Sand
sand castle die Sandburg
scarf der Schal
sea das Meer
seaweed der Seetang
September September
seven sieben
sheep das Schaf

shell die Muschel
ship das Schiff
shoes die Schuhe
short kurz
shovel die Schaufel
shut geschlossen
sink die Spüle
six sechs
sleep schlafen
slide die Rutschbahn
slow langsam
smile lächeln
snow der Schnee
socks die Socken
sofa das Sofa
spider die Spinne
spinning top der Kreisel
spring der Frühling
summer der Sommer
sun die Sonne
sweater der Sweater

table der Tisch
teddy bear der Teddybär
teeth die Zähne
television der Fernseher
ten zehn
thirty dreißig
three drei
tiger der Tiger
toilet die Toilette
tongue die Zunge
train der Zug
train set die Eisenbahn
truck der Lastwagen
T-Shirt das T-Shirt
twenty zwanzig
two zwei

umbrella der Regenschirm

wall die Wand
warm warm
wave die Welle
wet naß
window das Fenster
winter der Winter
wolf der Wolf
write schreiben

yellow gelb